SONT EN
ONEL, CE SONT
IT DES
ITAIRES!!!
US army
US army

LAUZIER

Les sexties

éditions
jacques glénat

6, rue lt-chanaron 38000 grenoble

DU MÊME AUTEUR :

AUX EDITIONS **JACQUES GLÉNAT** :

Les Sextraordinaires aventures de Zizi et Peter Panpan

AUX EDITIONS **DARGAUD** :

UN CERTAIN MALAISE
LILI FATALE
TRANCHES DE VIE
tome 1
TRANCHES DE VIE
tome 2
TRANCHES DE VIE
tome 3
TRANCHES DE VIE
tome 4
LILI FATALE
CHRONIQUES DE L'ILE GRANDE
UN CERTAIN MALAISE
LA COURSE DU RAT
LA TETE DANS LE SAC

Les dessins de cet album ont été publiés au cours des années soixante dans les magazines suivants : LUI, PLAYBOY, REALITES, PARIS-MATCH.

FAITES UN EFFORT, ESSAYEZ DE VOUS SOUVENIR!

CLINIQUE DE GERIATRIE

CHERI.
TU N'ES PAS EN
MESURE!..

ET ENFIN TOUT VA TRES BIEN POUR LES PROMOTEURS IMMOBILIERS QUI CONSTRUISENT LE PARIS DE DEMAIN !

TU VAS ENCORE TROUVER QUE NOUS SOMMES VIEILLE FRANCE MAIS QUAND MÊME, TU AURAIS PU AU MOINS EN PRENDRE UN D'UN PAYS FRANCOPHONE !
GORILLE DU GHANA
Lauzier

ÇA FAISAIT DES MOIS QUE LES DUGENOUX TROMPAIENT LES CHOUPARD AVEC LE P'TIT COUPLE DU 5°! BIN, HIER SOIR, FIGUREZ-VOUS QU'LES CHOUPARD LES ONT SURPRIS TOUS LES 4 ENSEM-BLE!..AH, LA, LA, LA SCENE!!!
CONCIERGE

CON-CON-CON-CHITAA... ViiiTE, LA-LA-LA PRiiiSE... EN-LÈ-LÈ-VE LA-LA PRi-PRiiSE DU-DU ViBRO-BRO- -MAAA-SSSEUR !

conte de noël

ECOUTE, T'AS PLUS QU'TROIS MOIS A ATTENDRE, APRES J'SERAI TOUTE A TOI, TOUTE!
OUAIS, ET CE SERA TON SALAUD D'FIANCE QUI Y AURA DROIT L'PREMIER!
QU'T'ES BÊTE! QU'EST-CE QUE ÇA PEUT TE FAIRE PUISQUE C'EST TOI QUE J'AIME!.. T'EXAGERES! TU PEUX TOUT M'FAIRE SAUF ÇA, T'ES QUAND MÊME PAS A PLAINDRE!
ARRÊTE, J'TE DIS! ET PUIS C'EST PAS L'MOMENT, J'SUIS ASSEZ EMBÊTEE COMME ÇA!
QU'EST-CE QUE T'AS?
BEN, TU VAS TOMBER DES NUES... J'SUIS ENCEINTE!
TU T'FOUS DE MOI, DIS?!!
VIERGE ET MÈRE! Y A QU'A MOI QU'ÇA ARRIVE DES TRUCS PAREILS! MAMAN M'A DIT QU'ELLE AVAIT DEJA ENTENDU PARLER D'UN CAS COMME ÇA... A' FORCE D'JOUER DEVANT LA PORTE... ÇA S'GLISSE PARTOUT CES P'TITES BÊTES-LÀ...
QUOI! T'EN AS PARLÉ A TA MÈRE!
2

BEN, OUI. A' QUI VOULAIS-TU QU'J'EN PARLE?! ET PUIS MA MÈRE, C'T UNE VRAIE AMIE POUR MOI. ELLE EST DRÔL'MENT CHOUETTE, MA MÈRE!
AH, DIS-DONC! ET TON PÈRE, ET TON FIANCÉ, COMMENT QUE TU VAS LEUR PRÉSENTER ÇA?
SURTOUT QU'J'AI JAMAIS RIEN FAIT AVEC JOSEPH, RELIGIEUX COMME IL EST!
MAIS MA MÈRE A EU UNE IDÉE. ELLE EST GÉNIALE, MA MÈRE! ELLE M'A DIT D'RACONTER QU'UN ANGE M'ÉTAIT APPARU, UNE NUIT ET QU'IL M'AVAIT ANNONCÉ QU'J'ALLAIS ÊTRE ENCEINTE DU FILS DE DIEU, QU'J'AI ÉTÉ CHOISIE ET TOUT... QU'C'ÉTAIT ...ATTEND, COMMENT QU'ELLE A DIT ÇA, MA MÈRE?.. AH, OUI! UNE IMMACULÉE CONCEPTION...
WOUHAOUU!!! ELLE EST DINGUE, TA MÈRE! AH, AH, AH! UNE IMMACULÉE CONCEPTION!!! ET TU CROIS QU'ILS VONT AVALER ÇA!
ET COMMENT!.. QUAND J'LEUR AI RACONTÉ ÇA A PAPA ET A' JOSEPH, BEN, Y SONT TOMBÉS A' GENOUX ET Y ZONT REMERCIÉ L'SEIGNEUR!
AH, LES CONS!
...Z'ÉTAIENT EXCITÉS COMME DES PUCES! SANS BLAGUE! SURTOUT JOSEPH! Y M'EMBRASSAIT LES MAINS EN PLEURANT, Y GUEULAIT QU'LES PROPHÉTIES SE RÉALISAIENT, QU'MON FILS ALLAIT SAUVER LES JUIFS, QU'C'ÉTAIT L'MESSIE... ENFIN, RIEN QU'DES CONNERIES, QUOI!.. J'AI JAMAIS VU UN HOMME AUSSI HEUREUX D'APPRENDRE QU'IL ÉTAIT COCU!
OH, C'EST PAS VRAI! JE RÊVE! AH, AH, AH!.. SI JAMAIS LES GENS DU VILLAGE APPRENNENT ÇA, QU'EST-CE QU'ILS VONT S'MARRER, AH, DIS-DONC!
T'Y ES PAS DU TOUT! MON PÈRE A PAS PU S'EMPÊCHER D'EN PARLER AUX VOISINS... BEN J'TE LE DONNE EN MILLE!
...Y S'SONT RAMENÉS CHEZ NOUS VACH'MENT RESPECTUEUX ET TOUT, Y S'SONT FOUTUS A' GENOUX DEVANT MOI COMME QUE SI J'ÉTAIS UNE IDOLE. SANS BLAGUE! J'AVAIS DRÔL'MENT DU MAL A' PAS RIGOLER!
ON LEUR FAIT VRAIMENT AVALER N'IMPORTE QUOI!
3

CHÉRIE?
OUI?
COMMENT QU'TU VAS L'APPELER NOT' MÔME?
DEVINE...
CHAIS PAS...
BEN, J'VAIS LUI DONNER L'NOM D'SON VRAI PÈRE. C'EST JUSTE, QUOI! J'VAIS L'APPELER JÉSUS COMME TOI!
AH, MERDE! C'EST CHIE! ÇA M'FAIT DRÔL'MENT PLAISIR, SANS BLAGUE!
T'SAIS, T'ES UNE VRAIE SALOPE. UNE COUREUSE ET TOUT MAIS DANS L'FOND T'ES UNE CHOUETTE FILLE. MARIE!
ET TOI, T'ES UN VOYOU, UN SALE VICIEUX. UN VAURIEN MAIS JE T'AI DANS LA PEAU, JÉSUS!
JÉSUS!
MARIE!
CETTE IDÉE À MA MÈRE, C'TE HISTOIRE D'IMMACULÉE CONCEPTION, D'FILS DE DIEU ET TOUT... Y A DES MOMENTS ÇA M'INQUIÈTE, RAPPORT À L'AVENIR DU PETIT... DES FOIS, J'SAIS PAS, QU'ÇA LE TRAUMATISE, QU'ÇA LUI CRÉE DES PROBLÈMES PLUS TARD...
TU RIGOLES! QUAND C'EST QU'IL VA NAITRE, CE MÔME?
LA SAGE-FEMME, ELLE DIT VERS LE 25 DÉCEMBRE...
BEN, MOI, J'TE LE DIS, EN JANVIER PERSONNE EN PARLERA PLUS DE CETTE HISTOIRE!
4

AMERICAN EXPRESS
DINERS CLUB

Durand

HOTEL DE LA JUNGLE
CRIS D'ANIMAUX SAUVAGES

BONNE-MAMAN N'AIE PAS PEUR, VOYONS !.. C'EST MICHEL, TON ARRIERE-PETIT-FILS QUI VIENT TE PRESENTER SES VOEUX !..
Lauzier

Lauzier

CIEL MON MARI !

CESSE DE SOURIRE TOUT LE TEMPS COMME ÇA !... TU TIENS A CE QUE TOUT LE MONDE SACHE QUE NOUS SOMMES DES PROVINCIAUX !

CHARLES, PAS-SEZ-MOI : "COMMENT VAINCRE LA TIMIDITÉ DANS SA VIE SEXUEL-LE", JE VOUS PRIE...

LES ENFANTS, ÇA Y EST! NOUS VOUS COMPRENONS DEPUIS QUE NOUS AVONS VU "HAIR"!..
NOUS COMPRENONS VOTRE LUTTE POUR LA LIBERTE SEXUELLE ET POLITIQUE, POUR LA PAIX AU VIET-NAM, POUR LES PEUPLES SOUS-DEVELOPPES!..
NOUS COMPRENONS VOTRE GOUT DE LA DANSE ET DES VÊTEMENTS COLORES, VOTRE APPETIT DE VIVRE LIBRE SANS ETRE ALIENES PAR LA SOCIETE DE CONSOMMATION!..
J'ESPERE QUE VOUS COMPRENEZ EGALEMENT QUE 100 F. PAR SEMAINE D'ARGENT DE POCHE, C'EST RIDICULE!..

ALLO QUI EST A L'APPAREIL ? SOLANGE ! TIENS C'EST DRÔLE, JE PENSAIS JUSTEMENT A VOUS A L'INSTANT !

C'EST QUAND MÊME VACHEMENT RASSURANT POUR UNE NANA DE FAIRE LA ROUTE AVEC UN MEC QUI PUISSE LA DEFENDRE!
Lauzier

TOUT VA BIEN ! DE PLUS EN PLUS DES TRAVAILLEURS ETRANGERS SE CHARGENT DES TÂCHES QUE LES FRANÇAIS JUGENT DÉGRADANTES !

LES DINGUES BYRDS
LES DINGUES BYRDS
LES DINGUES BYRDS

CE QUI SERAIT DIFFICILEMENT SUPPORTABLE, C'EST QUE CE TYPE SOIT EN PLUS INTELLIGENT, CULTIVÉ ET HEUREUX !
Lauzier

BEN TU SAIS, MEC, LES ENVIES DES BONNE FEMMES ENCEINTES... LA MIENNE C'EST ACCOUCHER EN INDE... ALORS ON A PRI LA ROUTE. QUOI...
Lauzier

la rupture de l'union de la gauche

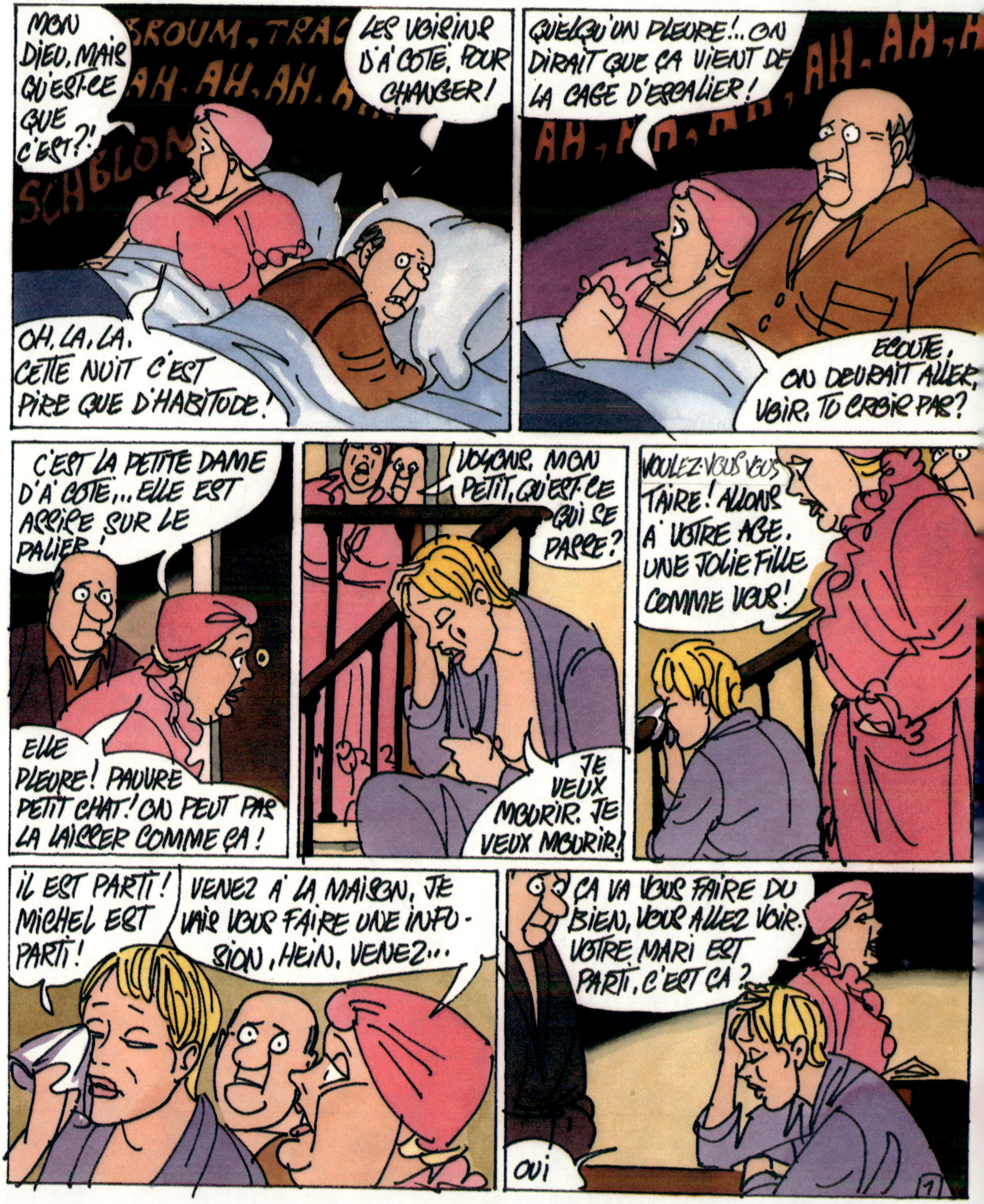

BUVEZ-MOI ÇA BIEN CHAUD ! QU'EST-CE QUI NE VA PAS AVEC VOTRE MARI ?.. VOS CARACTÈRES NE COMBINENT PAS ?
NON C'EST PAS ÇA ...
QU'EST-CE QUE C'EST ALORS ?... C'EST... C'EST PHYSIQUE ?
NON, NON... C'EST POLITIQUE... JE SUIS COMMUNISTE
IL SE MOQUE TOUT LE TEMPS DE MOI PARCEQUE JE SUIS COMMUNISTE !
OH, C'EST MÉCHANT, ÇA, DE SE MOQUER DE QUELQU'UN PARCEQU'IL EST COMMUNISTE !
IL TROUVE ÇA COMPLÈTEMENT DÉBILE !
C'EST PAS D'MA FAUTE SI J'SUIS COMMUNISTE. MES PARENTS L'ÉTAIENT. J'AI EU UNE ÉDUCATION MARXISTE... ÇA MARQUE !
IL EST, HEU, DE DROITE ?
NON, C'EST PIRE. IL EST SOCIALISTE
OH, LA, LA, OUI..
ET QUAND IL NE SE MOQUE PAS, CE SONT DES REPROCHES CONTINUELS !
SI J'LUI DEMANDE OÙ IL ÉTAIT LORSQU'IL RENTRE TARD, JE SUIS STALINIENNE. TOUT EST DE MA FAUTE, LA DÉFAITE DE LA GAUCHE, LES NOUILLES QUI COLLENT, LE GOULAG !
ÇA VA S'ARRANGER, ALLONS
NON, NON ! C'EST FINI. IL EST PARTI !
JE SUIS TOUTE SEULE !
MAIS NON. VOUS N'ÊTES PAS SEULE. VOUS AVEZ 600.000 CAMARADES !
630.000 ! C'EST PAS LA MÊME CHOSE !.. JE VEUX MOURIR !
12

VOUS N'AVEZ PAS LE DROIT DE DIRE UNE CHOSE PAREILLE ! LE PROLÉTARIAT A BESOIN DE VOUS !
ET PUIS PENSEZ À LA RÉVOLUTION, AU GRAND SOIR... TOUT ÇA, HEIN, HEIN ?
BOF. ELLE ARRIVE JAMAIS, CETTE RÉVOLUTION, ALORS
LES RÉVOLUTIONS, ÇA ARRIVE TOUJOURS QUAND ON S'Y ATTEND LE MOINS
UN BEAU MATIN VOUS VOUS RÉVEILLEZ ET HOP... C'EST LA RÉVOLUTION
L'IMPORTANT, C'EST D'AVOIR LA FOI, ALLEZ... ET SI LES GENS SE MOQUENT DE VOUS PARCEQUE VOUS ETES COMMUNISTE, NE LES ECOUTEZ PAS...
... C'EST QU'ILS SONT JALOUX ET QU'ILS AIMERAIENT BIEN AVOIR UN BEL IDEAL COMME LE VÔTRE
ET PUIS VOUS POUVEZ MILITER ! ÇA OCCUPE, HEIN ? DISTRIBUER DES TRACTS, LES RÉUNIONS DE CELLULE, LES MANIFS, LES GREVES !
MOI, C'EST LA PHILATÉLIE... ÇA M'A DROLEMENT AIDÉ QUAND J'AI PRIS MA RETRAITE !
ÇA M'RENDRA PAS MON MICHEL !
MAIS IL REVIENDRA, VOYONS. MON PREMIER MARI ETAIT SOCIALISTE. JE LES CONNAIS, ALLEZ, CE SONT DES ETRES CHANGEANTS, PRIMESAUTIERS...
... DES REVEURS QUI DOUTENT D'EUX-MEMES. MAIS ILS ONT UN BON FOND. IL A BESOIN DE VOUS. IL REVIENDRA !

MAINTENANT VOUS ALLEZ FAIRE UN BON DODO, HEIN?
MERCI
ET PUIS RELISEZ QUELQUES PAGES DE LÉNINE AVANT DE VOUS ENDORMIR... ÇA VOUS FERA DU BIEN...
J'ALLAIS À LA SALLE DE BAIN. J'AI ENTENDU QUELQU'UN DANS L'ESCALIER. ALORS J'AI REGARDÉ... DEVINEZ QUI C'ÉTAIT?
MICHEL!!!
MICHEL, OH, MICHEL!
AMOUR, TOI!
CHÉRI, PARDONNE-MOI... J'AI EU TORT DE DOUTER DE TA SINCÉRITÉ POUR LES LÉGISLATIVES!
MON AMOUR, MON AMOUR!
J'AI RÉFLÉCHI. TU SAIS...
J'ADMETS QUE LA POLITIQUE SUIVIE PAR LE COMITÉ CENTRAL EST EN GRANDE PARTIE RESPONSABLE DE LA DÉFAITE DE LA GAUCHE!
JE NE SUIS PAS LA SEULE, TU SAIS, DE NOMBREUX CAMARADES S'INTERROGENT. JE CROIS QU'UNE RÉVISION DÉCHIRANTE S'IMPOSE...
CHÉRIE!
4

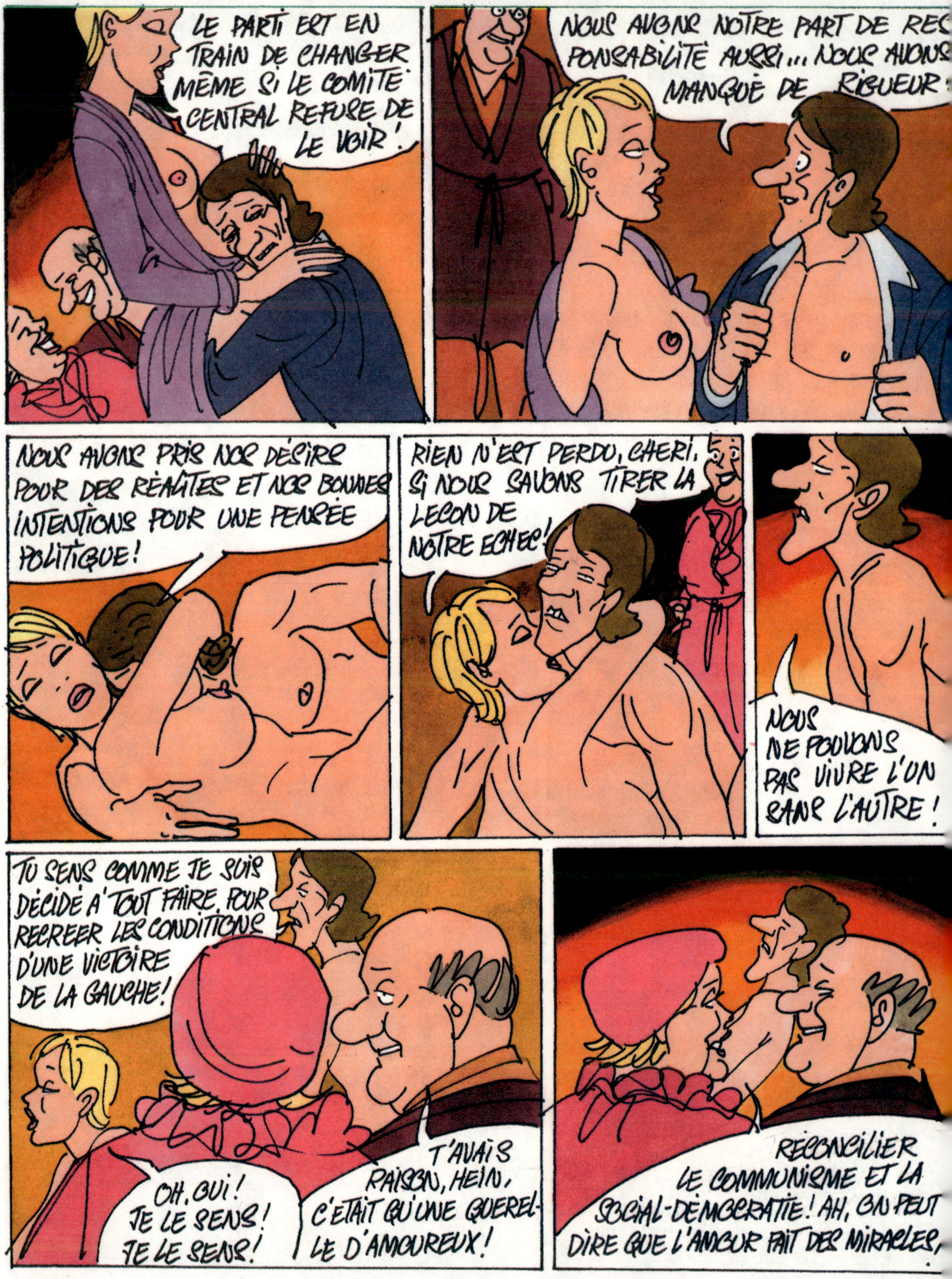
LE PARTI EST EN TRAIN DE CHANGER MÊME SI LE COMITÉ CENTRAL REFUSE DE LE VOIR!
NOUS AVONS NOTRE PART DE RESPONSABILITÉ AUSSI... NOUS AVONS MANQUÉ DE RIGUEUR!
NOUS AVONS PRIS NOS DÉSIRS POUR DES RÉALITÉS ET NOS BONNES INTENTIONS POUR UNE PENSÉE POLITIQUE!
RIEN N'EST PERDU, CHERI, SI NOUS SAVONS TIRER LA LEÇON DE NOTRE ECHEC!
NOUS NE POUVONS PAS VIVRE L'UN SANS L'AUTRE!
TU SENS COMME JE SUIS DÉCIDÉ À TOUT FAIRE POUR RECRÉER LES CONDITIONS D'UNE VICTOIRE DE LA GAUCHE!
OH, OUI! JE LE SENS! JE LE SENS!
T'AVAIS RAISON, HEIN, C'ÉTAIT QU'UNE QUERELLE D'AMOUREUX!
RÉCONCILIER LE COMMUNISME ET LA SOCIAL-DÉMOCRATIE! AH, ON PEUT DIRE QUE L'AMOUR FAIT DES MIRACLES,

1
2
3
4

SADO-MASOCHIST
AUTOMATIC

SADO-MASOCHIST
AUTOMATIC

UN PEU DEVIATIONNISTE, NON ?

ET, JE TIENS A REAFFIRMER SOLENNELLEMENT QUE BIEN QUE NOUS AYONS CÉDÉ A LA SOCIÉTÉ AMÉRICAINE «AMCO» 52 % DE NOS ACTIONS, CELA NE DIMINUE EN AUCUNE FAÇON NOTRE AUTORITÉ, PAS PLUS QUE CELA NE TOUCHE LES TRADITIONS QUI ONT FAIT LA GRANDEUR DE NOTRE MAISON !

POUR LA DERNIÈRE FOIS, JE VOUS REPETE D'EVACUER LE PLATEAU, CHANGEMENT DE TABLEAU !

C'EST GENTIL CHEZ VOUS !

ERIC PAPOS ET SOPHIE VIGIN VOUS ETES DES PARENTS PROFESSIONNELS... UN MÉTIER À LA MODE ACTUELLEMENT...
OUI... VOYEZ-VOUS, DE NOS JOURS LES GENS N'ONT NI LE TEMPS NI LA FORMATION NÉCESSAIRE POUR ETRE DES PARENTS VALABLES... NOUS LE SOMMES À LEUR PLACE, VOILA...
AUTREMENT DIT CHAQUE JOUR APRES L'ÉCOLE ILS VOUS CONFIENT LEURS ENFANTS...
...EXACTEMENT ET PENDANT QUELQUES HEURES NOUS LES FAISONS VIVRE DANS UNE ATMOSPHÈRE FAMILIALE HARMONIEUSE... CE N'EST PAS FACILE!.. C'EST UN METIER, QUOI!
ET QUELLE EST LA FORMATION DES PARENTS PROFESSIONNELS?
AH, C'EST UN PROBLÈME! IL Y A, HÉLAS PARMI NOUS TROP DE GENS MAL PRÉPARÉS À CE MÉTIER, C'EST POURQUOI NOUS RECLAMONS POUR LES JEUNES UNE FORMATION UNIVERSITAIRE SPÉCIALE SANCTIONNÉE PAR UN DIPLÔME D'ETAT!
VOS SERVICES SONT RESERVÉS À DES GENS FORTUNÉS...
OUI, ET C'EST UNE DE NOS PRINCIPALES REVENDICATIONS! CES FRAIS DEVRAIENT ETRE A LA CHARGE DE L'ETAT. IL EST INJUSTE QUE SOUS PRETEXTE DE REVENUS MODESTES DES GENS SOIENT OBLIGÉS D'ÉLEVER EUX-MÊME LEURS ENFANTS!
ARRIVE-T-IL QU'UN PERE ET UNE MERE PROFESSIONNELS TRAVAILLANT EN ÉQUIPE SOIENT MARIÉS ENSEMBLE?
OH, LA, LA! NON JAMAIS! LES TENSIONS, LES FRUSTRATIONS PROPRES AU MARIAGE SONT TOUT À FAIT INCOMPATIBLES AVEC UNE AMBIANCE FAMILIALE HARMONIEUSE!
POUR VOS PROPRES ENFANTS ÇA DOIT ETRE MERVEILLEUX D'AVOIR UN PERE OU UNE MERE PROFESSIONNEL!
OH, VOUS SAVEZ QUAND ON A TRAVAILLÉ TOUTE LA JOURNÉE DANS UNE ATMOSPHÈRE FAMILIALE, LE SOIR ON A ENVIE DE SE DETENDRE! NON, NOS ENFANTS NOUS LES CONFIONS A DES CONFRÈRES
Lauzier

BON PAPA,
BONNE MAMAN!... LE
...LE COUPLE EXPÉRIMENTÉ,
LA CINQUANTAINE SPORTIVE, C'ÉTAIT VOUS!!!

IL EXIGE UNE VOITURE PUISSANTE, COMMISSAIRE, LA VOIE LIBRE ET 500 00 F
EN PETITES COUPURES, SINON !...

St ETIENNE
ALLEZ LES VERTS!

AU CHARME DE PARIS
SOUVENIRS

JE NE SAIS PAS ... DEPUIS QUE NOUS TENONS CE MAGASIN LUCIEN N'EST PLUS LE MÊME AVEC MOI!..

LA PORNOGI
NE
PASSERA PA
NON
A L'OBSESSION
SEXUELLE
GENERALISÉE!

Dépôt légal : 4e trimestre 1980
Imprimé en France
par Pollina, 85400 Luçon - N° 3506

-ET CEU
CIVIL, MON
GENERA
US
US
army